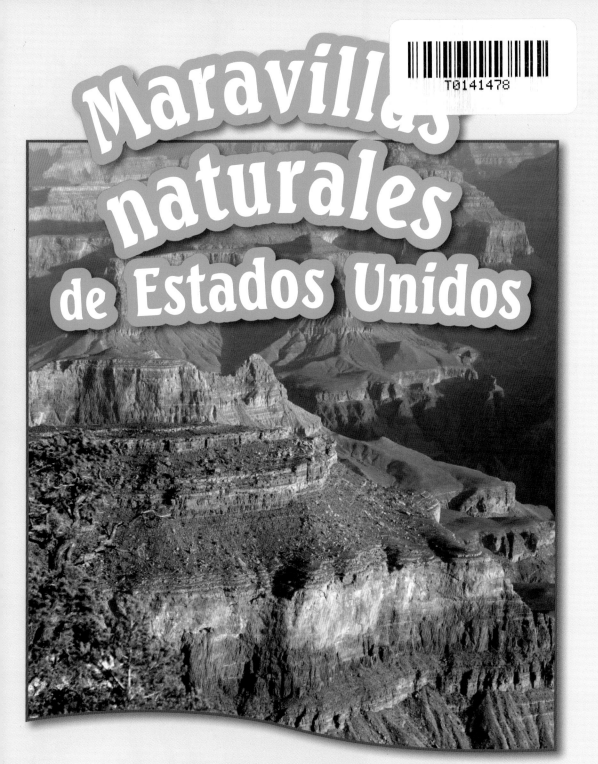

# Maravillas naturales de Estados Unidos

**Jennifer Overend Prior, Ph.D.**

## Asesora

**Caryn Williams, M.S.Ed.**
Madison County Schools
Huntsville, AL

**Créditos de imágenes:** págs. 2–3 Johner Images/age fotostock; págs. 12–13 David Noble/nobleIMAGES/Alamy; págs. 20–21 Chris Howes/Wild Places Photography/Alamy; pág. 6 John Elk III/Alamy; pág. 9 (abajo) John Hyde/Alaska Stock/Alamy; pág. 28 (arriba) Pat Canova/Alamy; pág. 27 (arriba) Ron Niebrugge/Alamy; pág. 29 (arriba) Paul A. Souders/Corbis; pág. 19 (arriba) Paul Seigle/Flickr; pág. 10 (abajo) Allard Schager/Flickr/Getty Images; págs. 22–23 Barcroft Media/Getty Images; págs. 6–7 (fondo) G. Brad Lewis/Aurora/Getty Images; págs. 16–17 (ambas) Lowell Georgia/National Geographic/Getty Images; pág. 7 (arriba) tankbmb/iStock; pág. 13 John Burcham/National Geographic Creative; pág. 20 DanitaDelimont.com/Newscom; pág. 17 (arriba) Karen Uhlenhuth KRT/Newscom; págs. 8–9 (fondo) Michael DeYoung/Newscom; pág. 24 (arriba) Niagara Falls Public Library; pág. 26 Tim Sloan/AFP/Newscom; pág. 15 (todas) Lionel Bret/Science Source; págs. 18–19 (fondo) Wikimedia Commons; todas las demás imágenes pertenecen a Shutterstock.

**Teacher Created Materials**
5301 Oceanus Drive
Huntington Beach, CA 92649-1030
http://www.tcmpub.com
**ISBN 978-1-4938-0600-3**
© 2016 Teacher Created Materials, Inc.
Printed in Malaysia
THU001.48806

# Índice

# Maravillas naturales

Las maravillas son lugares especiales. Son grandes y fáciles de ver. Pueden ayudar a las personas a encontrar su camino. Si ves una maravilla, esta te puede ayudar a descubrir en qué ciudad, estado o país te encuentras. Cada una es importante a su manera.

Algunas maravillas están hechas por el hombre. Otras fueron creación de la naturaleza. Estas se llaman *maravillas naturales*. En Estados Unidos, hay muchas maravillas naturales. Entre ellas, tenemos los **cañones** y las cascadas. ¡Hasta un gran agujero puede ser una maravilla natural! Estas nos recuerdan el sorprendente poder de la naturaleza. Además, nos recuerdan la belleza que nos ofrece Estados Unidos.

la Ola en Arizona

## Maravillas locales

¿Hay maravillas en tu ciudad natal? Tal vez haya un árbol de una forma extraña en tu parque favorito. O tal vez haya un gran lago cerca de tu escuela. ¿Cómo te ayudan tus maravillas locales?

**Parque Nacional de la Torre del Diablo en Wyoming**

**Mesa Arch en el Parque Nacional Canyonlands de Utah**

# Maravillas del Oeste

Kilauea es una maravilla natural. Es un volcán de la Isla Grande de Hawái. Un volcán es una montaña que tiene un agujero arriba o al lado. A veces, salen **lava**, cenizas y rocas del agujero. Esto se llama una *erupción*. Una erupción puede ocurrir en cualquier momento. ¡Y puede ocurrir muy rápido!

¡Kilauea ha tenido 61 erupciones! Incluso hoy en día, la lava sigue fluyendo del volcán. La lava se seca y endurece. Esto forma nueva tierra. Hace que la Isla Grande de Hawái sea más grande todavía. En Hawái, hay muchos volcanes. Kilauea es el volcán más reciente y de mayor actividad. De hecho, es uno de los volcanes más activos del mundo.

## Pele

Kilauea es el hogar de Pele. Pele es la mítica diosa hawaiana del fuego. Los hawaianos le dejan ofrendas de frutas, pescados y flores al lado del volcán. Lo hacen para agradecerle por hacer que su isla sea más grande.

Kilauea

La lava fluye de Kilauea.

La bahía de los Glaciares está en Alaska. Cuenta con montañas y playas. Tiene muchos glaciares. Sus glaciares son maravillas naturales. Un **glaciar** es un área muy grande de hielo que baja lentamente por una colina o **valle**.

En la bahía de los Glaciares, se puede tomar un barco para ver los glaciares. A veces, los grandes bloques de hielo se rompen. Estos se estrellan en el agua de la bahía. ¡Es un espectáculo increíble de ver! Pero debes permanecer al menos a dos millas de distancia de los glaciares. Esto se hace para mantenerte a salvo del hielo que cae.

Una punta del glaciar se desprende y cae al agua.

## Avistamiento de ballenas

También puedes ver ballenas en la bahía de los Glaciares. Las ballenas jorobadas viajan desde Hawái hasta Alaska. Les gusta comer allí durante el verano.

El Parque Nacional de las Secuoyas está en el norte de California. Este parque es el hogar de los árboles más grandes del mundo. Se llaman *secuoyas gigantes*. Son árboles de hoja perenne. Esto significa que las hojas se mantienen verdes durante todo el año. Los árboles crecen en las montañas. Son tan grandes que absorben alrededor de 500 galones de agua por día. Tendrías que beber cerca de 4,000 botellas de agua para beber tanta agua como uno de estos árboles. Las secuoyas gigantes viven hasta 3,000 años. ¡Su corteza tiene tres pies de espesor!

Hasta puedes caminar dentro de una secuoya gigante. ¡También se puede cruzar en auto uno de estos árboles gigantes! Este túnel se llama *Tunnel Log*.

secuoya gigante

Tunnel Log en el Parque Nacional de las Secuoyas

## General Sherman

El General Sherman es el árbol vivo más grande del mundo. Tiene 2,100 años de edad y una altura de 275 pies. Lleva el nombre de un líder del Ejército de la Unión durante la Guerra Civil.

Cuando la mayoría de las personas piensan en maravillas naturales, piensan en el Gran Cañón. Es un valle muy grande y profundo en Arizona. Esta es una parte cálida y seca del país. Pero también nieva en el Gran Cañón. Esto se debe a que es muy alto.

El Gran Cañón se formó durante millones de años por efecto de la **erosión**. Esto ocurre cuando el agua o el viento desgastan las piedras o la tierra. El río Colorado atraviesa el cañón. Con el tiempo, el río y el viento desgastan las rocas. Esto formó el profundo cañón que vemos hoy en día.

Es posible pararse en el borde del cañón. También puedes descender hasta la base. Millones de personas visitan el Gran Cañón cada año.

## Pasarelas de vidrio

¿Le temes a las alturas? Si no es así, puedes visitar las pasarelas de vidrio. Es un puente con forma de herradura. Este puente sobresale del borde del Gran Cañón. Está hecho de vidrio, de modo que se puede ver a través de él hasta la base del cañón.

El cráter del Meteoro se encuentra en la región norte de Arizona. Un cráter es un gran agujero que se forma cuando un meteorito impacta la Tierra.

El cráter del Meteoro se formó hace miles de años. Un meteorito cayó desde el espacio e impactó la Tierra. Formó un gran agujero en el suelo que tiene más de dos millas de ancho. Es muy profundo también.

Durante muchos años, los **científicos** no supieron qué había formado el cráter. Pero después de años de estudio, descubrieron que se trataba de un meteorito. Con el tiempo, un lago llenó el cráter. Años más tarde, el lago se secó. Actualmente, el área es muy seca. Es por esto que el cráter sigue siendo tan grande. Muchas personas visitan el cráter cada año.

Un meteorito se estrelló aquí hace 49,000 años.

Esto muestra cómo un meteorito forma un cráter.

## ¿Meteoro, meteoroide o meteorito?

Una roca en el espacio se denomina *meteoroide*. Se llama *meteorito* si golpea la superficie terrestre. Cuando un meteoroide entra a la atmósfera de la Tierra, comienza a arder. Este destello de luz que vemos se llama *meteoro*.

Una cantera es un lugar donde las personas excavan para extraer piedras. Pero hay una cantera en Utah que es diferente. ¡Allí, los científicos excavan en busca de huesos de dinosaurios! Este lugar se llama **Monumento** Nacional Dinosaurio. Los dinosaurios fueron reptiles que vivieron en la Tierra hace millones de años. Los reptiles son animales como las serpientes y los lagartos. Tienen sangre fría y ponen huevos. Tienen el cuerpo cubierto por placas delgadas llamadas *escamas*.

Muchos huesos de dinosaurio se han encontrado en la cantera. La mayoría de los huesos provienen de dinosaurios que comían carne. Los científicos creen que un río arrastró los huesos hasta la cantera hace mucho tiempo. Con el tiempo, algunos de los huesos quedaron enterrados.

Visitantes observan mientras los científicos retiran con un cincel los huesos de dinosaurios en las rocas.

## ¡Toqué un dinosaurio!

Actualmente, se pueden ver y tocar algunos de los huesos de dinosaurios en la cantera. ¿Te imaginas tocar un hueso de dinosaurio de 150 millones de años de antigüedad?

Un científico demarca la silueta de un dinosaurio en la roca.

# Una maravilla del Medio Oeste

La cueva Marengo se encuentra en Indiana. Un hermano y una hermana la descubrieron en 1883. Tenían 11 y 15 años de edad. Pronto, la cueva se abrió a los visitantes.

La cueva está llena de interesantes formaciones, o formas, rocosas. Una de estas formaciones se denomina *estalactita*. Estas parecen picos rocosos que cuelgan del techo de la cueva. Se forman por el goteo del agua desde la parte superior de la cueva. El agua arrastra partes de las rocas de la parte superior de la cueva mientras gotea. Con el tiempo, esto forma las estalactitas.

La cueva se mantiene fresca durante el verano y el invierno. Es el hogar de diferentes animales, como ratones y murciélagos. Muchas personas visitan la cueva cada año.

## ¡Pide un deseo!

¿Alguna vez has visto un pozo de los deseos al revés? En la cueva Marengo, uno de los techos tiene un barro tan pegajoso que se pueden tirar monedas en él y estas no se caerán. Es **tradición** pedir un deseo y lanzar una moneda al techo.

estalactita

# Maravillas del Sur

El **sumidero** del Diablo es un agujero muy profundo en la tierra en Texas. Si miras en este gran agujero, no podrás ver el fondo. No se les permite a los visitantes ingresar al sumidero. Solo los científicos pueden entrar. Los científicos creen que los indígenas norteamericanos solían sacar rocas del sumidero hace mucho tiempo. Usaban estas rocas para fabricar herramientas.

En el verano, el sumidero también es el hogar de millones de murciélagos. Todas las noches, los murciélagos salen volando del sumidero. Salen en busca de alimento. Vuelven antes de que amanezca. Mucha gente va a ver cómo los murciélagos entran y salen volando del sumidero.

## Murciélagos y aves

La cantidad de murciélagos que vive en el sumidero del Diablo varía. Depende de la época del año. A veces, hay cerca de 30,000 murciélagos. Otras veces, puede haber casi un millón de murciélagos. Pero estos no son los únicos animales que viven en el sumidero. Allí también viven aves e insectos.

El manantial Manatee Springs se encuentra en Florida. Un manantial es un lugar donde el agua fluye desde el interior de la tierra. Generalmente, el agua es cálida porque las capas profundas de la Tierra están calientes. Hay muchos manantiales en el mundo.

En Manatee Springs, un agua azul brillante sale del interior de la tierra día y noche. Los **manatíes** son animales grandes que se alimentan de plantas y nadan en el mar. El manantial tiene el nombre de los animales porque los manatíes pasan los meses de invierno allí. El mar es frío y los manatíes no pueden permanecer en agua fría durante mucho tiempo. Llegan hasta los manantiales de Florida porque les gusta el agua tibia.

Esta zona también es divertida para las personas. Es un gran lugar para nadar y ver los manatíes. Las personas también van allí de día de campo.

## Gigantes amables

Los manatíes también se conocen como *vacas marinas*. Se mueven lentamente y se alimentan de plantas y algas.

# Una maravilla del Noreste

Las cataratas del Niágara se componen de tres grandes cascadas. Dos de las cascadas se encuentran en Nueva York. La otra está en Canadá. Las cascadas se forman cuando los ríos caen por acantilados. Las cataratas del Niágara fueron declaradas **parque estatal** en 1885. Es el parque estatal más antiguo de Estados Unidos.

## ¿A dónde se fue el agua?

El 29 de mayo de 1848, el agua dejó de fluir por las cataratas. El hielo evitaba que el agua fluyera por las cataratas. El agua estuvo bloqueada por varias horas. ¡La gente podía caminar por encima de las cataratas!

Es divertido visitar las cascadas, pero también son útiles. El agua se desplaza sobre las cataratas muy rápidamente. Con el tiempo, las personas aprendieron a convertir la energía del agua en **electricidad**. Hicieron esto al construir una presa aguas abajo. Es un muro que detiene o reduce la velocidad del agua. El agua luego corre a través de tuberías. Allí, el agua hace girar unas aspas enormes. Las aspas están unidas a un motor. Convierte el movimiento del agua en electricidad. Esta energía ayuda a iluminar hogares y escuelas.

# Preservación de nuestras maravillas

El Servicio de Parques Nacionales ayuda a conservar, o proteger, las maravillas de Estados Unidos. Protege los lugares naturales y ayuda a mantenerlos seguros y limpios. Esto permite que todas las personas puedan disfrutar de ellos. También debemos hacer nuestra parte. Cada estado tiene lugares especiales. Podemos ayudar a que sigan siendo especiales por muchos años más. De esta manera, siempre serán parte de nuestro país.

Averigua si hay maravillas naturales cerca de donde vives. Pídele a tu familia que te lleve a visitar una. Mientras estés de visita en ese lugar, sé respetuoso con la tierra y la naturaleza. Visitar estos lugares te ayudará a aprender más acerca de Estados Unidos.

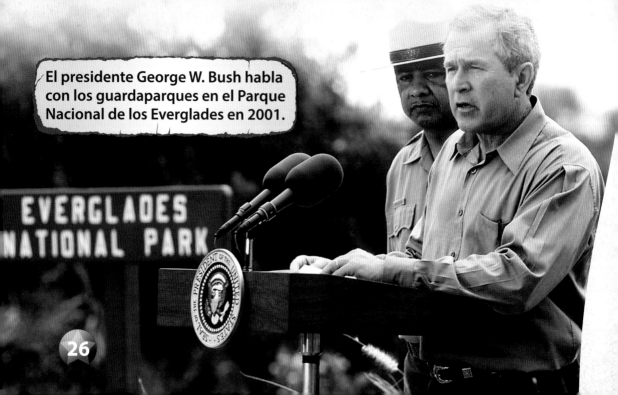

El presidente George W. Bush habla con los guardaparques en el Parque Nacional de los Everglades en 2001.

NATIONAL PARK SERVICE

Una guardaparques lidera una excursión en el Glaciar Exit de Alaska.

# ¡Visítala!

Hay muchas maravillas naturales en nuestro país. ¿Cuál es la más cercana a ti? Busca una maravilla natural que esté cerca de tu casa y que te gustaría visitar. ¡Organiza un viaje para visitarla!

Una madre y su hijo pasean en kayak en Manatee Springs.

Una familia observa las cataratas del Niágara.

Esta niña planea su viaje para visitar una maravilla natural.

# Glosario

**cañones:** valles profundos con laderas escarpadas de rocas por los cuales a menudo fluye un arroyo o un río

**científicos:** personas que estudian ciencias y hacen investigaciones científicas

**electricidad:** una forma de energía que se transporta a través de cables y se usa para operar luces y máquinas

**erosión:** el proceso mediante el cual algo se desgasta por acción del agua, el viento o el hielo de los glaciares

**glaciar:** una inmensa área de hielo que baja lentamente por una colina

**lava:** roca líquida caliente encima de la superficie de la Tierra

**manatíes:** animales grandes que viven en aguas cálidas y comen plantas

**monumento:** edificio, estatua o lugar que rinde honor a una persona o evento

**parque estatal:** un área de tierra que es propiedad del estado y está protegida por él debido a su belleza natural e importancia

**sumidero:** un área baja o hueco en la tierra que se forma cuando el paso del agua quita el suelo y las rocas

**tradición:** una forma de pensar o hacer algo que un grupo en particular ha hecho durante mucho tiempo

**valle:** un área de tierra baja entre colinas y montañas

# Índice analítico

# ¡Tu turno!

## Mi favorita

En este libro, has aprendido sobre diversas maravillas naturales. ¿Cuál fue tu favorita? ¿Por qué? Elabora un folleto de viaje para promocionar tu maravilla natural favorita.